Janina Hillenhagen

Wie gewaltfrei ist
die gewaltfreie Kommunikation?

Analyse der gewaltfreien Kommunikation
im interkulturellen Kontext am Beispiel
der japanischen Kultur

Hillenhagen, Janina: Wie gewaltfrei ist die gewaltfreie Kommunikation? Analyse der gewaltfreien Kommunikation im interkulturellen Kontext am Beispiel der japanischen Kultur, Hamburg, Bachelor + Master Publishing 2017
Originaltitel der Arbeit: Wie gewaltfrei ist die gewaltfreie Kommunikation? Analyse der gewaltfreien Kommunikation im interkulturellen Kontext am Beispiel der japanischen Kultur

Buch-ISBN: 978-3-95993-042-0
PDF-eBook-ISBN: 978-3-95993-542-5
Druck/Herstellung: Bachelor + Master Publishing, Hamburg, 2017
Zugl. Internationale Akademie Berlin für innovative Pädagogik, Psychologie und Ökonomie, Berlin, Deutschland, Studienarbeit, August 2016

Bibliografische Information der Deutschen Nationalbibliothek:
Die Deutsche Nationalbibliothek verzeichnet diese Publikation in der Deutschen Nationalbibliografie; detaillierte bibliografische Daten sind im Internet über http://dnb.d-nb.de abrufbar.

© Bachelor + Master Publishing, Imprint der Diplomica Verlag GmbH
Hermannstal 119k, 22119 Hamburg
http://www.bachelor-master-publishing.de, Hamburg 2017
Printed in Germany

Inhaltsverzeichnis

Abbildungsverzeichnis

Abkürzungsverzeichnis

GfK   Gewaltfreie Kommunikation

1. Einleitung

Unternehmen, die als „Global Player" agieren, verfolgen eine Internationalisie-rungsstrategie, die es ihnen ermöglicht, ihre wirtschaftlichen Aktivitäten an Märk-ten weltweit auszuüben. Um sich als Unternehmen in verschiedenen Ländern etablieren zu können, ist es von Vorteil, Tochterfirmen in den jeweiligen Ländern zu gründen.

Die Landeshauptstadt von Nordrhein-Westfalen, Düsseldorf, ist für viele Global Player ein wichtiger wirtschaftlicher Ausgangspunkt, um einerseits den deutschen Markt, aber andererseits auch den europäischen Markt zu erschließen. Insgesamt haben sich rund 5000 ausländische Unternehmen, darunter ca. 500 aus Japan, in Düsseldorf niedergelassen. Jährlich gründen 15 bis 20 japanische Unternehmen ihren Deutschland- oder Europasitz in Düsseldorf. Mittlerweile leben rund 7000 Japaner in Düsseldorf und insgesamt 13500 in Nordrhein-Westfalen (Landeshaupt-stadt Düsseldorf, 2016). Somit ist Düsseldorf die drittgrößte japanische Gemeinde Europas (Japanisches Generalkonsulat, 2002).

Der Umgang mit der japanischen Bevölkerung erfordert sowohl im beruflichen als auch im privaten Kontext eine gewisse interkulturelle (Handlung-)Kompetenz. In der vorliegenden Arbeit wird diese wie folgt definiert: „Interkulturelle Handlungs-kompetenz zeigt sich in der Fähigkeit, kulturelle Bedingungen und Einflussfaktoren in der Wahrnehmung, im Urteilen, im Denken, in den Emotionen und im Handeln bei sich selbst und bei fremden Personen zu erfassen, zu würdigen, zu respektieren und produktiv zu nutzen und zwar im Sinne einer wechselseitigen Anpassung, einer Toleranz gegenüber Inkompatibilitäten (kulturell bedingte Unvereinbarkeiten) und der Entwicklung möglicherweise synergetischer Formen des Zusammenlebens, der Lebensgestaltung und der Bewältigung von Problemen" (Thomas, 2011, S. 15). Durch das nicht Vohandensein von interkultureller (Handlungs-)Kompetenz in interkulturellen Interaktionen entstehen interkulturelle Konflikte zwischen den handelnden Akteuren. Deutsch (1976) definiert einen Konflikt als den Zusammen-stoß unvereinbarer Handlungstendenzen. Bei einem interkulturellen Konflikt werden die unvereinbaren Handlungstendenzen durch die jeweilige kulturelle Sichtweise bedingt.

Um einen interkulturellen Konflikt und damit einhergehend die Beziehung der Konfliktparteien zu klären, kann unter Hinzuziehung eines Mediators, der die Rolle einer neutralen Vermittlungsperson einnimmt, eine Mediation, welche ein Verfahren zur außergerichtlichen Konfliktbearbeitung darstellt, durchgeführt werden. Zu den wichtigen Merkmalen einer Mediation gehören: Freiwilligkeit, Vertraulichkeit, Ergebnisoffenheit und Allparteilichkeit. Freiwilligkeit bedeutet, dass sich die Konfliktparteien ohne äußeren Einfluss für die Durchführung einer Mediation entscheiden. Eine Mediation wird in einem geschützten Rahmen durchgeführt und die besprochenen Aspekte werden von allen Parteien vertraulich behandelt. Die Konfliktparteien erarbeiten selbstständig eine Lösung ihres Konfliktes. Der Mediator begleitet diesen Prozess, gibt aber keine Lösung vor und unterbreitet auch keine Vorschläge. Von daher ist der Prozess ergebnisoffen. Die Allparteilichkeit kennzeichnet einen Mediator. Das bedeutet, dass dieser die Interessen und Bedürfnisse von den Konfliktparteien gleichermaßen berücksichtigt und auf diese eingeht (Klappenbach, 2011).

Eine Methode, die in einer Mediation Anwendung findet, ist die Gewaltfreie Kommunikation (GfK). Die GfK wurde von Marshall B. Rosenberg entwickelt und ist durch Einfühlungsvermögen und Empathie charakterisiert. Wesentliche Bestandteile der GfK sind Beobachtungen, Gefühle, Bedürfnisse und Bitten, die es zu kommunizieren gilt (Klappenbach, 2011).

Bei interkulturellen Konflikten muss innerhalb einer Mediation auf eine geeignete Methodenwahl geachtet werden. Hierbei sind kulturelle Unterschiede zu berücksichtigen. In der vorliegenden Arbeit wird auf die japanische Kultur eingegangen. Beck und Moore (1985) definieren Kultur als Annahmen, Werte und Glaubenssystemen, welche in der frühen Kindheit erlernt werden und eine Gruppe von einer anderen unterscheidet. Daher ist die Kultur tief im Inneren einer Person verankert und wird durch Handlungen sichtbar.

1.1 Zielsetzung und Vorgehensweise

Die Bedeutung der japanischen Gemeinde als kulturelle Minderheit in und um Düsseldorf wurde im vorherigen Kapitel erläutert. Ebenso wurde auf die interkulturelle Handlungskompetenz und auf interkulturelle Konflikte eingegangen. Die Mediation wurde als ein Verfahren zur Konfliktbearbeitung vorgestellt. Eine Methode, die in der Mediation angewandt wird, ist die GfK. Der Fokus der vorliegenden Arbeit liegt auf der Anwendung der GfK im Kontext der japanischen Kultur. Es gibt wenig Literatur über die Methodenauswahl innerhalb einer Mediation unter Berücksichtigung der kulturellen Herkunft der Konfliktparteien. Das Interesse an dieser Thematik wurde geweckt, da die GfK mittlerweile eine weltweit verbreitete Methode ist. Das Problem ist, dass kulturelle Aspekte in dieser Methode nicht berücksichtigt werden. Es stellt sich somit die Frage, ob die Methode der GfK in Konflikten mit Vertretern aus der japanischen Kultur universal durchgeführt werden kann. Das Ziel der vorliegenden Arbeit ist es, herauszufinden vor welchen Herausforderungen die GfK hinsichtlich ihrer Durchführung mit japanischen Konfliktparteien steht.

Das Kapitel 2 befasst sich ausführlich mit der GfK. Es werden die einzelnen Schritte erläutert und wesentliche Merkmale diskutiert. Darüber hinaus werden Hofstedes kulturelle Dimensionen eingeführt und anhand der Ausprägungen für die japanische Kultur dargestellt.

Im Kapitel 3 wird die GfK als Methode unter Berücksichtigung japanischer Eigenschaften analysiert. Die Analyse basiert auf den dargestellten Theorien und Konzepten aus Kapitel 2.

Das Kapitel 6 präsentiert die Schlussfolgerungen, die sich aus der Analyse ergeben. Weiterhin werden auf Einschränkungen und Ideen für weitere Untersuchungen eingegangen.

2. Theoretischer Rahmen

In diesem Kapitel werden die Theorien und Konzepte hinsichtlich Rosenbergs Gfk und Hofstedes kultureller Dimensionen diskutiert. Zuerst werden die Grundlagen der GfK präsentiert. Im Anschluss daran werden die vier Komponenten der GfK eingeführt und erläutert. Daraufhin werden die verschiedenen Arten der Kommunikation anhand von zwei Symboltieren verdeutlicht. Anschließend werden die Ausprägungen der japanischen Kultur anhand von Hofstedes kultureller Dimensionen veranschaulicht.

2.1 Gewaltfreie Kommunikation (GfK)

Der amerikanische Entwickler der GfK, Marshall B. Rosenberg, sammelte bereits im Kindesalter eigene Erfahrungen mit Gewalt. Folglich stellte er sich zwei Fragen: Wie kommt es dazu, dass wir uns gewalttätig verhalten? Wieso verlieren einige Menschen dennoch nicht ihre einfühlsame Art? Die GfK stellt einen Weg dar, um mit sich selbst und mit anderen Personen auf eine mitfühlende Art im Einklang zu bleiben. Dabei spielt die Kommunikation eine bedeutende Rolle. Sowohl das Zuhören als auch das Sprechen und die damit verbundene Wortwahl ist relevant (Rosenberg, 2015). Die GfK ist nicht nur eine Methode, die in Konflikten Anwendung findet, sondern stellt eine Art der Kommunikation dar, die in das tägliche Leben integriert werden kann.

Rosenberg (2015) teilt den Prozess der GfK in vier Komponenten ein: Beobachtungen, Gefühle, Bedürfnisse und Bitten. Diese vier Aspekte werden im weiteren Verlauf näher erläutert.

Der erste Schritt der GfK bezieht sich darauf, Beobachtungen genau zu formulieren. Diese Beobachtungen beziehen sich darauf, was gehört, gesagt oder gefühlt wird. Hierbei ist es wichtig, dass die Beobachtungen nicht mit Bewertungen vermischt werden. Eine reine Beobachtung ist frei von Kritik, Vorwürfen, Vergleichen, Diagnosen und jeglicher Form von Beurteilungen. Eine Beobachtung, die mit einer Bewertung vermischt wird, kann auf Widerstand beim jeweiligen Gesprächspartner stoßen (Rosenberg, 2015).

Der zweite Schritt besteht darin, die eigenen Gefühle in Bezug auf das, was beobachtet wurde, zu formulieren. Rosenberg (2015) führt aus, dass in diesem Schritt eine gewisse Schwierigkeit bestünde, da in der Gesellschaft Gefühle eher in den Hintergrund rücken und Daten und Fakten wichtiger erscheinen. Für viele Personen sei es schwierig, die eigenen Gefühle zu identifizieren und diese dann auszudrücken. Von daher sei es wichtig, Gefühle klar von Gedanken oder Interpretationen abzugrenzen.

Im nächsten Schritt sollen die Bedürfnisse zum Ausdruck gebracht werden, die hinter den Gefühlen stehen. Bedürfnisse sind die Wurzeln der Gefühle. Es ist bedeutsam in der GfK, dass die jeweiligen Personen Verantwortung für die eigenen Gefühle übernehmen. Das bedeutet, dass nicht andere Personen verantwortlich gemacht werden können für die eigenen Gefühle. Bedürfnisse, die klar formuliert werden, können auch eher erfüllt werden. Es kommt jedoch vor, dass Bedürfnisse hinter Kritiken, Diagnosen und Interpretationen versteckt werden (Rosenberg, 2015).

Im letzten Schritt wird eine Bitte an den Gesprächspartner gerichtet, welche konkrete Handlungen beinhaltet, um die Bedürfnisse zu befriedigen. Rosenberg (2015) betont, dass es bedeutsam sei, Bitten positiv zu formulieren. Weiterhin ist eine Bitte konkret zu formulieren und muss erfüllbar sein. Darüber hinaus kann der Gesprächspartner darüber entscheiden, ob er diese Bitte erfüllen möchte. Eine Bitte ist folglich von einer Forderung abzugrenzen.

Anhand der Wolfssprache und der Giraffensprache lassen sich die Aspekte der gewaltfreien Kommunikation verdeutlichen.

Die Wolfssprache stellt eine gewaltvolle Kommunikation dar. Vorwürfe, Manipulierungen, Schweigen, Beschuldigungen, Bewertungen, Drohungen, Interpretationen und Respektlosigkeit sind feste Bestandteile der Wolfssprache. In der Wolfssprache werden die eigenen Gefühle und Bedürfnisse ignoriert oder der Grund für die Gefühle in den Handlungen der anderen Person gesucht und Du-Botschaften verwendet (Klappenbach, 2011). Das Formulieren der eigenen Gefühle, welches den zweiten Schritt der GfK darstellt, sieht beispielhaft in der Wolfssprache wie folgt aus: „Ich bin verärgert, weil du nie ehrlich zu mir bist." Dies hat zur Folge, dass sich der Gesprächspartner in der Regel unwohl fühlt und mit einer abwehrenden Haltung reagiert.

Die Giraffensprache symbolisiert eine empathische Kommunikation. Aufgrund der Größe der Giraffe ist ihr Herz sehr leistungsstark und somit spricht die Giraffe die Sprache des Herzens. In der Giraffensprache werden Menschen sowie ihre Gefühle und Bedürfnisse respektiert. Außerdem werden Vorwürfe und Beleidigungen in Gefühle und Bedürfnisse übersetzt. Es werden keine Forderungen, sondern Bitten gestellt (Klappenbach, 2011). Beispielhaft sieht das Äußern von Gefühlen in der Giraffensprache wie folgt aus: „Ich bin traurig, weil ich dich nicht unterstützen konnte."

2.2 Hofstedes kulturelle Dimensionen

Kulturelle Eigenschaften der japanischen Kultur lassen sich anhand von Hofstedes kultureller Dimensionen identifizieren. Diese sind: Machtdistanz, Individualität, Maskulinität, Unsicherheitsvermeidung, langfristige Orientierung und Nachgiebigkeit (Hofstede, Hofstede & Minkov, 2010).

Die Machtdistanz beschreibt, inwiefern eine Gesellschaft die ungleichmäßige Verteilung von Macht innerhalb dieser akzeptiert.

Der Dimension Individualität steht die Kollektivität gegenüber. Diese Dimension misst den Grad der Interdependenz zwischen Individuen und der Gesellschaft. Individuen in stark individualistischen Kulturen sind unabhängig und kümmern sich hauptsächlich um sich selbst. Kulturen, die eine geringe Ausprägung hinsichtlich der Individualität aufweisen, sind eher kollektivistisch orientiert. Das bedeutet, dass die Bedürfnisse von Gruppen oder auch der erweiterten Familie im Vordergrund stehen.

Eine hohe Ausprägung der Dimension Maskulinität weist darauf hin, dass die Personen einer Gesellschaft erfolgsorientiert und konkurrenzbetont sind. Eine geringe Ausprägung dieser Dimension weist auf eine feminine Gesellschaft hin. In femininen Gesellschaften steht das soziale und fürsorgliche Miteinader im Vordergrund.

Die Dimension Unsicherheitsvermeidung gibt an, inwiefern sich eine Gesellschaft wohl in neuen und unbekannten Situationen fühlt.

Der Dimension Nachgiebigkeit steht die Beherrschung gegenüber. In nachgiebigen Gesellschaften hat die Freizeit einen hohen Stellenwert, d.h. dass das Leben genossen und sich Wünsche erfüllt werden. Eine geringe Ausprägung dieser

Dimension bedeutet, dass Personen einer Gesellschaft ihre Wünsche unterdrücken und sich an strikte soziale Normen halten.

Abbildung 1 stellt die Auswertungen von Hofstedes kulturellen Dimensionen für die japanische Kultur dar. Nachfolgend werden die einzelnen Ausprägungen detaillierter erläutert.

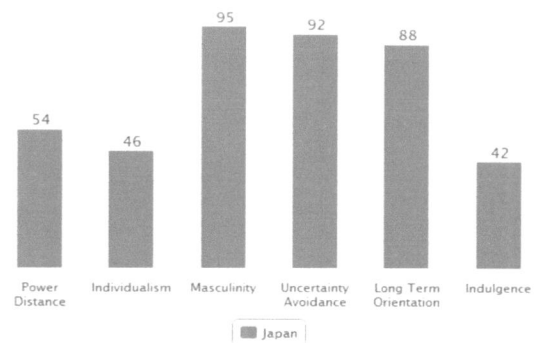

Abbildung 1: Ausprägungen der japanischen Kultur anhand Hofstedes kultureller Dimensionen
Quelle: Hofstede Center (2016)

Die erste Dimension in Abbildung 1 ist die Machtdistanz. Dieser Wert ist im mittleren Bereich angesiedelt mit einer leichten Tendenz zur bevorzugten Machtdistanz. Dies bedeutet, dass die Mitglieder in der japanischen Gesellschaft grundsätzlich gleichberechtigt sind. Dies spiegelt sich auch im politischen System Japans wieder. Die Idee der Meritokratie ist in Japan stark vertreten. Demnach stehen individuelle Leistungen anstatt sozialer Zugehörigkeiten im Vordergrund (Hofstede, 2016). Allerdings ist Japan auch durch den Konfuzianismus geprägt, welcher verschiedene zwischenmenschliche Beziehungen in hierarchische Verhältnisse einordnet (Hofstede et al., 2010).
Die zweite Dimension, Individualität, zeigt, dass Japan eher eine kollektivistische Gesellschaft ist. Das bedeutet, dass Harmonie bewahrt werden soll und direkte Konfrontationen vermieden werden. Das Konzept des „Gesicht Wahrens" spielt eine zentrale Rolle. Anders als in anderen asiatischen Ländern fokussieren sich

Mitglieder der japanischen Gesellschaft größtenteils auf ihre Kernfamilie (Eltern und Kinder). Die erweiterte Familie (Großeltern, Onkel, Tanten) sind nicht derart von Bedeutung. Lediglich in traditionellen japanischen Familien verlässt der älteste Sohn seine Eltern nicht, sodass seine eigene gegründete Familie auch mit diesen zusammenlebt (Hofstede et al., 2010). Eine Besonderheit in der japanischen Gesellschaft ist, dass die Japaner ihrem Arbeitgeber gegenüber sehr loyal sind und diesen äußerst selten wechseln (Hofstede, 2016).

Die nächste Dimension zeigt, dass Japan sehr stark maskulin ausgeprägt ist. Das bedeutet, dass die japanische Gesellschaft sehr erfolgsorientiert und konkurrenzbetont ist. Allerdings zeigt nicht ein Individuum alleine ein erfolgsorientiertes Verhalten, sondern aufgrund der kollektivistischen Ausprägungen finden die Wettbewerbe in Teams statt. Dies beginnt bereits im Kindergartenalter und findet auch im Erwachsenenalter in Unternehmen statt. Viele Japaner sind Workaholics. Prestige und Status als Anerkennung für gute Leistungen sind von großer Bedeutung (Hofstede, 2016).

Die Dimension Unsicherheitsvermeidung veranschaulicht, dass die japanische Gesellschaft extrem sicherheitsliebend ist und nichts dem Zufall überlässt. Folglich gibt es viele Regeln und Rituale, die auch die Etikette und das Verhalten jeden Einzelnen vorschreiben. Aufgrund der starken Präferenz Unsicherheiten zu vermeiden, sind Veränderungen schwer realisierbar (Hofstede, 2016).

Die nächste Dimension zeigt auf, dass die japanische Gesellschaft langfristig orientiert ist. Alle Handlungen sind langfristig ausgelegt und das Erreichen von schnellen Ergebnissen ist nicht bedeutsam. Die Interessen eines Individuums werden hinten angestellt, um langfristige, gemeinsame Ziele zu erreichen (Hofstede et al., 2010).

Die letzte Dimension, Nachgiebigkeit, zeigt eine geringe Ausprägung für die japanische Gesellschaft. Das bedeutet, dass die Japaner sehr beherrscht sind. Freizeit hat keine hohe Bedeutung und Wünsche werden unterdrückt. Sich etwas Gutes tun, wird als falsch empfunden. Moral und Disziplin stehen im Vordergrund. Es entsteht die Sichtweise, dass man sein eigenes Handeln aufgrund sozialer Normen nicht beeinflussen kann (Hofstede et al., 2010).

Die kulturellen Dimensionen und die Ausprägungen für die japanische Kultur dienen als Grundlage und werden im nächsten Kapitel berücksichtigt, um herauszufinden, vor welchen Herausforderungen die GfK hinsichtlich ihrer Durchführung mit japanischen Konfliktparteien steht.

3. Analyse

Der Amerikaner Rosenberg erreichte mit der GfK weltweite Anerkennung. Jedoch werden in der Literatur vermeintlich universal anwendbare Konzepte und Methoden kritisiert. Hall & Hall argumentieren, dass „[…], many Americans grow up with the notion that we are simply the best in the world and have the answers to everything" (Hall & Hall, 1987, S 39). Auch Thomas weist darauf hin, dass „vieles, zu vieles, […] einseitig vom euroamerikanischen ‚westlichen' Kulturverständnis determiniert" sei (Thomas, 2003, S. 149).

Rosenberg (2015) argumentiert, dass durch die Vergegenwärtigung und Bewusstwerdung der vier Schritte innerhalb der GfK kulturelle Konditionierungen aufgebrochen werden können. Dies erscheint unter Berücksichtigung der Definition von Kultur laut Beck & Moore (1985) als sehr vereinfacht dargestellt.

Als ehemaliger Schüler von Carl Rogers erinnert Rosenbergs Ansatz der gewaltfreien Kommunikation an die Personenzentrierung (Klappenbach, 2011). Das bedeutet, dass die jeweilige Person und nicht deren Position im Vordergrund steht. Dadurch, dass die japanische Kultur eine gewisse Machtdistanz akzeptiert und durch den Konfuzianismus geprägt ist, spielt die hierarchische Anordnung von zwischenmenschlichen Beziehungen eine wesentliche Rolle (Hofstede et al., 2010). Folglich wird die Position des Gesprächspartners nicht unbeachtet gelassen. Fünf Über- bzw. Unterordnungsverhältnisse sind hier von besonderer Bedeutung: Vater und Sohn, Herrscher und Untertan, Ehemann und Ehefrau, älterer Bruder und jüngerer Bruder, senior Freund und junior Freund (Hofstede et al., 2010). Insbesondere in diesen Beziehungsverhältnissen ist die GfK schwierig durchzuführen. In Wirtschaftsunternehmen bedeutet dies, dass hierarchische Strukturen und Aussagen des Vorgesetzten nicht angezweifelt werden und es wird erwartet, dass der Vorgesetzte einem sagt, was man zu tun hat. Ebenso wird im familiären Umfeld Respekt gegenüber seinen Eltern und älteren Verwandten als Tugend angesehen (Hofstede et al., 2010). Diese Statusdifferenzierungen machen sich in eine gewisse Unterwürfigkeit ersichtlich (Rez, Kraemer & Kobayshi-Weinsziehr, 2014). Die Bedeutung der hierarchischen Beziehungen in der japanischen Kultur ist auch im Wortschatz zu erkennen. Der Begriff *Amae* lässt sich mit Abhängigkeit übersetzen und dient nach Hall & Hall (1987) als Klebemittel für die japanische Gesellschaft. Bereits als Kind und im Arbeitsleben schließlich als Mitarbeiter in einem Unternehmen sind die Japaner von übergeordneten Personen abhängig. Diese starke emotionale Bindung wird mit Loyalität belohnt. Allerdings wird eine derartige Beziehung nicht herausgefordert oder in Frage gestellt. Somit ist eine Kommunikation auf Augenhöhe, die den Gesprächsrahmen für die GfK darstellt, ausgeschlossen.

Auch die Ausprägung zum Kollektivismus stellt eine Herausforderung für die GfK und deren Umsetzung mit Vertretern der japanischen Kultur dar. Rez et al. (2014) sprechen in diesem Zusammenhang von einem Gemeinschafts-Ich, welches zum Ausdruck bringen soll, dass der Wir-Gedanke im Vordergrund steht. Das japanische Wort *uchi* (innen) erklärt die strukturelle Verflochtenheit von einzelnen Personen innerhalb einer Gruppe aufgrund ihrer Sozialisation. Diese Verflochtenheit findet sowohl im privaten als auch im beruflichen Umfeld statt. Innerhalb dieser Gruppen passt sich das Individuum an die Bedürfnisse, Ziele und Wünsche der anderen Gruppenmitglieder an und beharrt nicht auf die eigene Meinung, da dies als egozentrisch angesehen werden kann. Die kollektiven Interessen stehen im Vordergrund und die eigene Meinung wird von der Gruppe vorherbestimmt, um die langfristigen Ziele zu erreichen (Hofstede et al., 2010). Dies impliziert, dass die eigenen Bedürfnisse nicht ausgesprochen werden. Das Formulieren der eigenen Bedürfnisse wiederum ist ein wesentlicher Bestandteil in der GfK.

Weiterhin ordnen Hofstede et al. (2010) kollektivistische Gesellschaften einen starken Kontextbezug hinsichtlich der Kommunikation zu. Kulturen mit einem starken Kontextbezug tendieren dazu, nicht alles explizit zu sagen. Dies erschwert es, das Gesagte bzw. das Gehörte als Beobachtungen zusammenzufassen. Die Japaner kommunizieren indirekt und es wird vom Gesprächspartner erwartet, dass dieser weiß, was die andere Person beschäftigt. Unangenehme Gefühle werden nicht gezeigt, sondern hinter einem Lächeln versteckt. Offenheit, Unverblümtheit und Exaktheit werden in der Kommunikation vermieden, da dies als arrogant, unkultiviert und unverschämt angesehen wird (Hall & Hall, 1987). Um Konflikte zu lösen nutzen Japaner deshalb folgende Strategien: Schweigen, Mehrdeutigkeit, unklare Ausdrucksweise sowie Themenwechsel (Rez et al., 2014; Augsburger, 1992). Darüber hinaus verweist Augsburger (1992) darauf, dass Kulturen mit einem starken

Kontextbezug die Welt in einer spiralen Logik sehen, sodass ein Konflikt nicht instrumental, lösungsorientiert und losgelöst von den Personen betrachtet werden könne. Vielmehr sei ein Konflikt, dessen Auswirkung, Inhalt, Kontext und die beteiligten Personen sowie deren Emotionen und Beziehungen miteinander verwoben. Aus diesem Grund gilt es einen offenen Konflikt zu vermeiden. Daraus resultiert, dass die Japaner ihre Gefühle nicht offen aussprechen wie es in der GfK verlangt wird.

Die Dimension Nachgiebigkeit zeigt, dass Japaner ihre Wünsche unterdrücken. Dies macht sich auch in der Kommunikation bemerkbar. Ein Japaner vermeidet es daher Wünsche oder Bitten konkret zu formulieren. Hier wird erwartet, dass der Gesprächspartner durch implizite Botschaften erkennt, was der Andere möchte. Einer direkten Bitte würde ein Japaner vermutlich unfreiwillig nachkommen, da er keine Möglichkeit für sich sähe, dieses gesichtswahrend zurückzuweisen (Rez et al., 2014). Hall & Hall (1987) führen an, dass Japaner es hassen ‚Nein' zu sagen und stattdessen ‚Ich werde deine Bitte berücksichtigen' erwidern, was wiederum zu Missverständnissen bzw. zu einem Konflikt führen kann. Die direkte Formulierung einer Bitte, wie es in der GfK vorgesehen ist, kann sich somit sogar negativ auf die Kommunikation mit einem japanischen Gesprächspartner auswirken.

Abschließend lässt sich sagen, dass die expliziten Formulierungen der eigenen Gefühle, Bedürfnisse sowie das Äußern einer Bitte, wie es in der GfK vorgesehen ist, im Widerspruch mit der japanischen Kultur stehen und sich sogar negativ auswirken können.

4. Fazit

Die vorangegangene Analyse zeigt, dass die GfK in den Ohren eines Japaners als gewaltvolle Kommunikation aufgefasst werden kann.

Dies zeigt sich daran, dass hierarchische Rangordnungen in der GfK keine Berücksichtigung finden. Diese nehmen jedoch in der japanischen Kultur einen hohen Stellenwert ein und folglich beeinflussen diese auch die Art der Kommunikation.

Weiterhin hat die Analyse gezeigt, dass die Japaner Gefühle und Bedürfnisse nicht explizit aussprechen. Im Vordergrund der GfK steht das Individuum, welches die eigenen Gefühle und die daraus resultierenden Bedürfnisse nennen soll. In der GfK wird daher von einer stark individualistischen Gesellschaft ausgegangen. Ein ausgeprägter Individualismus wirkt bei den kollektivistisch orientierten Japanern als unangemessen. Deshalb ist der Ansatz der GfK als nicht gesellschaftskonform innerhalb der japanischen Kultur anzusehen.

Darüber hinaus gilt die geforderte Direktheit, die die GfK vorsieht, als unverschämt. Hier kann unter Umständen sogar weiteres Konfliktpotential entstehen. Gleiches gilt für das Formulieren von konkreten Bitten. Hier sehen die Japaner keinen Handlungsspielraum mehr, um eine Bitte gesichtswahrend auszuschlagen. Dies kann langfristig die Beziehung schädigen.

Zusammenfassend lässt sich sagen, dass die vermeintlich empathische Giraffensprache vom japanischen Kulturkreis als Wolfssprache und somit als gewaltvolle Kommunikation angesehen werden kann.

Abschließend ist festzuhalten, dass es keine Methode in der Mediation gibt, die universal, also unabhängig vom kulturellen Kontext, einsetzbar ist. Als praktische Implikation ergibt sich hieraus, dass jede Methode zu überprüfen ist, inwiefern sie angewandt werden kann oder ob sie gegebenenfalls sogar Konflikte verschärfen könnte. Hierbei sind die kulturellen Gegebenheiten zu berücksichtigen. Die vorliegende Arbeit zeigt, dass eine gewisse Vertrautheit mit der japanischen Kultur erforderlich ist, um eine Mediation erfolgreich durchzuführen. Daher ist jede Mediation und folglich auch die verwendeten Methoden individuell unter Berücksichtigung des kulturellen Kontexts anzupassen.

4.1 Einschränkungen und weitere Untersuchungen

Die vorliegende Hausarbeit beschränkt sich auf die Anwendbarkeit der GfK im japanischen Kontext. Aus diesem Grund ist ein Transfer der theoretischen Ergebnisse auf andere Kulturen mit Vorsicht zu vollziehen.

Um die kulturellen Ausprägungen der japanischen Kultur darzustellen, wurde sich auf Hofstedes kultureller Dimensionen beschränkt. Hinsichtlich Hofstedes kultureller Dimensionen werden häufig folgende Kritikpunkte angeführt: die Daten der Studie seien veraltet (Blom & Meier, 2002), die Studienergebnisse seien durch Hofstedes westliche Denkweise verzerrt (Sorge, 1983), die Befragten (IBM Mitarbeiter) seien nicht repräsentativ (Schmid, 1996) sowie die unklare Abgrenzungen der jeweiligen Dimensionen voneinander (Schmid, 1996). Zusätzliche Kulturtheorien, wie beispielsweise die von Fons Trompenaars, können weiteren Aufschluss bieten.

Darüber hinaus wurde sich auf kulturelle Ausprägungen beschränkt. Individuelle Eigenschaften wurden nicht berücksichtigt. Dies führt zu einer Kulturalisierung.

Ausgangssituation für diese Arbeit war die in Düsseldorf ansässige drittgrößte japanische Gemeinschaft Europas. Es wurde jedoch keine Differenzierung vorgenommen, inwiefern sich in Deutschland lebende Japaner gegebenenfalls bereits deutsche Kulturstandards angeeignet haben.

Die durchgeführte Analyse beschränkt sich auf theoretische Konzepte. Eine empirische Untersuchung, um die dargelegten Ergebnisse zu überprüfen, ist zu empfehlen. Es wäre zudem interessant herauszufinden, ob es Unterschiede zwischen Japanern, die in Japan leben, und Japanern, die in Deutschland leben, gibt. Weitere empirische Untersuchungen in asiatischen Ländern wären vorteilhaft, um feststellen zu können, ob es sich bei der GfK um eine Methode handelt, die eher in westlichen Ländern erfolgversprechend ist.

Quellenverzeichnis

Augsburger, D. W. (1992): *Conflict Medation across Cultures*. Louisville: John Knox Press.

Beck, B. E. F., & Moore, L.F. (1985): Linking the Host Culture to Organizational Variables. In P. J. Frost, L. F. Moore, M. R. Louis, C. C. Lundberg & J. Martin (Hrsg.), *Organizational culture* (S. 335-354). Beverly Hills, CA: Sage.

Blom, H., & Meier, H. (2002): *Interkulturelles Management: interkulturelle Kommunikation, internationales Personalmanagement, Diversity-Ansätze im Unternehmen*. Herne, Berlin: Neue Wirtschafts-Briefe.

Deutsch, M. (1976): *Konfliktregelung*. München: Reinhardt.

Hall, E. T., & Hall, M. R. (1987). *Hidden Differences – Doing Business with the Japanese*. New York: Anchor Books.

Hofstede Center (2016): Ausprägungen der japanischen Kultur. Abgerufen am 07.08.2016, unter https://www.geert-hofstede.com/japan.html

Hofstede, G., Hofstede, G. J., & Minkov, M. (2010): *Cultures and Organizations: Software of the Mind* (3rd ed.). New York: McGraw-Hill.

Japanisches Generalkonsulat (2002): Japaner in Düsseldorf. *Japan Forum, 84*, S. 1-2.

Klappenbach, D. (2011): *Mediative Kommunikation*. Paderborn: Junfermann.

Landeshauptstadt Düsseldorf (2016): *Düsseldorf – Standort für japanische Unternehmen in Europa* (Nr. VI/16-1) [Brochure]. Düsseldorf: Schaab & Co. GmbH. Abgerufen am 24.07.2016, unter https://www2.duesseldorf.de/fileadmin/Amt80/wirtschaftsfoerderung/pdf/japan_broschuere_d.pdf

Rez, H., Kraemer, M., & Kobayashi-Weinsziehr, R. (2014): *Warum Karl und Keizo sich nerven*. In D. Kumbier & F. Schulz von Thun (Hrsg.), Interkulturelle Kommunikation: Methoden, Modelle, Beispiele (S. 28-72). Reinbek: Rowohlt Taschenbuch Verlag.

Rosenberg, M. B. (2015): Nonviolent Communication – A Language of Life. Encinitas, CA: PuddleDancer Press.

Schmid, S. (1996): *Multikulturalität in der internationalen Unternehmung: Konzepte, Reflexionen, Implikationen*. Wiesbaden: Gabler.

Thomas, A. (2003): Interkulturelle Kompetenz. Grundlagen, Probleme und Konzepte. *Erwägen – Wissen – Ethik. Streitforum für Erwägungskultur*, 14(1), S. 137-150.

Thomas, A. (2011): *Interkulturelle Handlungskompetenz – Versiert, angemessen und erfolgreich im internationalen Geschäft*. Wiesbaden: Gabler.